Rookie español

ME FASCINAN LAS PIEDRAS

Escrito por Cari Meister

Ilustrado por Terry Sirrell

Children's Press®
Una División de Scholastic Inc.
Nueva York • Toronto • Londres • Auckland • Sydney
Ciudad de México • Nueva Delhi • Hong Kong
Danbury, Connecticut

Para John
—C. M.

Para mi hijita Flynn, de tres años y medio, quien me dijo
mientras yo ilustraba este libro, —Esto es para ti, Papá,
—y me regaló una piedrita.
—T. S.

Especialistas de la lectura
Linda Cornwell
Coordinadora de Calidad Educativa y Desarrollo Profesional
(Asociación de Profesores del Estado de Indiana)

Katharine A. Kane
Especialista de la educación
(Jubilada de la Oficina de Educación del Condado de San Diego,
California y de la Universidad Estatal de San Diego)

Traductora
Jacqueline M. Córdova, Ph.D.
Universidad Estatal de California, Fullerton

Visite a Children's Press® en el Internet a:
http://publishing.grolier.com

Información de publicación de la Biblioteca del Congreso de los EE.UU.
Meister, Cari.
  [I love rocks. Spanish.]
  Me fascinan las piedras / escrito por Cari Meister ; ilustrado por Terry Sirrell.
    p. cm. — (Rookie español)
  Resumen: Una niña canta acerca de las piedras, de las grandes a las pequeñas
desde las piedras preciosas hasta las piedras comunes.
  ISBN 0-516-22356-9 (lib. bdg.)   0-516-26212-2 (pbk.)
  [1. Piedras—ficción. 2. Cuentos rimados. 3. Libros en español.] I. Sirrell, Terry, il
II. Título. III. Serie.
PZ74.3 .M355 2001
[E]—dc21
                                                                00-065713

¡Piedras, piedras, piedras!

¡Me fascinan las piedras!

Algunas son pesadas.
Algunas son livianas.

Algunas son negras.

Algunas son blancas.

Algunas son redondas.
Algunas son cuadradas.
Algunas tienen pecas.
¡Algunas son peludas!

Algunas flotan.
Algunas se hunden.

13

Algunas son resbalosas.
Algunas hieden.

¡Piedras, piedras, piedras!
¡Me fascinan las piedras!

Se usan para construir castillos.

Forman cavernas.

Se usan para construir iglesias.
Marcan tumbas.

Se usan para hacer represas.

Se usan para hacer piscinas.

Se usan para hacer vidrio.

Se usan para hacer joyas.

Son grandes, como las montañas.

Son pequeñas, como la arena.

Cubren la tierra.
Caben en la mano.

¡Piedras, piedras, piedras!
¡Me fascinan las piedras!

31

LISTA DE PALABRAS (45 PALABRAS)

algunas	flotan	marcan	represas
arena	forman	montañas	resbalosas
blancas	grandes	me	se
caben	hacer	negras	son
castillos	hieden	para	tienen
cavernas	hunden	pecas	tierra
como	iglesias	peludas	tumbas
construir	joyas	pequeñas	usan
cuadradas	la	pesadas	vidrio
cubren	las	piscinas	
en	livianas	piedras	
fascinan	mano	redondas	

SOBRE LA AUTORA

Cari Meister vive en una granja pequeña en Minnesota con su esposo John, su perro Samson, dos caballos, tres gatos, dos puercos y dos cabras. Es la autora de más de veinte libros para niños, incluyendo *Catch That Cat!* (*¡Detenlo a ese gato!* y también libros de las series Rookie Reader y Rookie Español), *When Tiny was Tiny* (*Cuando Tiny era pequeñita*) y *Busy, Busy City Street* (*Una calle ocupadísima de la ciudad*), los últimos dos de Viking.

SOBRE EL ILUSTRADOR

Terry Sirrell ha sido caricaturista e ilustrador desde 1983. Sus caricaturas y personajes han aparecido en cajas de cereales, en anuncios para varias compañías importantes y en multitudes de publicaciones. Terry también ilustra libros para niños, tarjetas para ocasiones sociales y rompecabezas.